ISBN 978-3-911332-10-1

ISBN 978-3-911332-10-1

www.carlandteddybooks.com

Amigos incondicionales

en Nicaragua

Explora el mundo con Carl y Teddy

Escrito por Melike Ak

Ilustrado por Orhan Ates

Carl y Teddy se dirigieron a su próxima aventura en Nicaragua.
Un país con muchos volcanes. Uno de ellos está en una isla que
se llama Ometepe. "¡Queremos ir allí y ver la lava caliente que
burbujea en el volcán!" dijo Carl.

Cuando llegaron a la isla de Ometepe, vieron a todos los niños jugando al aire libre. Estaban impacientes por conocer a los isleños, explorar la colorida selva y llegar por fin al volcán.

ALDA

A la mañana siguiente, entraron
en la selva. Caminaron entre
flores de colores adentrándose
cada vez más.

Pero Carl tuvo de repente una sensación
de mareo. Cuando el camino se dividió,
ambos se dieron cuenta y exclamaron:
"¡Estamos perdidos!"

Un pajarito azul llegó volando y vio su situación. "Hola los dos,
parecen completamente perdidos. ¿Puedo ayudarlos?" preguntó el
pájaro azul. Carl le contó su plan de subir a la cima del volcán.
"Soy el pájaro Guardabarranco. Conozco bien mi isla",
cantó el pájaro. "Les mostraré el camino".

... las vacas pastando, ...

Los dos aventureros le siguieron sin dudar. Y en un santiamén volvieron al buen camino. Guardabarranco les contó todo sobre la isla: ...

... las tortugas acogedoras ...

... y de los cerdos revolcándose en el barro.

Volvieron a adentrarse en el bosque y pronto los tres no tuvieron nada más de qué hablar. Entonces, un monito bajó de un árbol y se balanceó hacia ellos.

"Eh", dijo el mono, "estoy practicando un salto mortal. ¿Quieren verlo?".

"Nos encantaría" respondió Carl, "pero por desgracia no tenemos tiempo. Tenemos que ponernos en marcha". Pero el mono ni siquiera estaba escuchando y ya estaba dando volteretas de árbol en árbol. Hizo reír a todos y entretuvo a todo el grupo.

De repente oyeron un fuerte gruñido. "¿Has oído eso?", preguntó asustado Guardabarranco. "Efectivamente", dijo preocupado el mono.

"¿Hay algún animal peligroso por aquí?".
El gruñido era cada vez más fuerte.

Pero no era un animal peligroso en lo absoluto. Eran los estómagos de Carl y Teddy. Los dos estaban hambrientos. "¡Tengo una idea!" anunció el mono y desapareció detrás de una valla. "¿Adónde ha ido?", se preguntó Carl.

El mono volvió con el perro más tierno de la isla. Tenía las orejas grandes y los ojos saltones aún más grandes. "El mono me ha dicho que aquí hay alguien que tiene mucha hambre. Soy el maestro en conseguir comida", sonrió el perro. "Todos comparten su comida conmigo porque soy taaaan tierno".

Así que todo el grupo siguió al perro hasta un pequeño puesto de fruta y dulces. El perro miró al frutero con sus grandes y dulces ojos saltones y lo convenció para que le diera mucha comida. El perro regresó orgulloso con jugosas piñas y mangos, dulces de colores y leche fresca. Los ahora cinco amigos compartieron hambrientos toda la comida.

Llenos a reventar y con las barrigas grandes y pesadas, siguieron su camino. Pero no llegaron muy lejos por culpa de sus grandes barrigas. Ni siquiera el pájaro pudo seguir volando. Agotados, se sentaron. "Pero todavía tenemos que llegar a la cima del volcán para ver la lava", dijo Carl con el estómago pesado.

Un caballo que pasaba por allí los oyó y se echó a reír: "Se ven muy graciosos con sus barrigas redondas. Por cierto, he oído que ustedes también quieren ir al volcán. Yo soy grande y fuerte y puedo ayudarlos. Súbanse a mi lomo y cabalgaremos juntos hasta la cima". El grupo quedó asombrado por los músculos y el tamaño del caballo.

Así que los seis amigos cabalgaron hasta la cima del volcán. Todos arriba del fuerte caballo: Teddy al frente, Carl sujetándole, el pájaro en la cabeza del caballo para indicar el camino, el mono girando sobre todos a pesar de su estómago lleno y el perro con la barriga redonda sentado en la parte de atrás.

Poco después, el grupo había conseguido subir al volcán. Sin embargo, como la lava del volcán hacía tiempo que se había secado, ahora se había formado un fantástico lago en el volcán.

La subida era larga, pero cada uno de sus nuevos amigos tenía una habilidad muy especial que les había ayudado a lo largo del camino.

¡Gracias!

N
W
E
S

* 9 7 8 3 9 1 1 3 3 2 1 0 1 *